Roberta Giommi • Marcello Perrotta

ICH + DU

Erste Fragen zur Aufklärung

Mit Illustrationen von Giulia Orecchia
und Vignetten von Alberto Rebori

Siebert Verlag

© Siebert Verlag, D-81675 München
© 1992 Arnoldo Mondadori Editore S.p.A., Milano
Deutsche Übersetzung von Alessandra Doell

Titel der italienischen Originalausgabe:
Programma di educazione sessuale 3–6 anni
Text: Roberta Giommi, Marcello Perrotta
Illustrationen: Giulia Orecchia
Vignetten: Alberto Rebori

CIP-Einheitsaufnahme der Deutschen Bibliothek:
Giommi, Roberta: Ich + du : erste Fragen zur Aufklärung /
Roberta Giommi ; Marcello Perrotta.
Mit Ill. von Giulia Orecchia und Vignetten von Alberto Rebori. –
München : Siebert-Verl., 1993
ISBN: 3-8089-5851-0
NE: Giommi, Roberta: Ich und du

INHALT

Vorwort 4

Jungen und Mädchen 5
Worin unterscheiden sie sich?
Wie sind sie gebaut? Welches
sind ihre Lieblingsbeschäftigungen?
              Spiele 10

Mein Körper 12
Wieso pinkeln Jungen anders als
Mädchen? Ihre unterschiedlichen
Geschlechtsteile
              Spiele 16

Ich und die Welt 18
Wie erkennen und erfassen wir
unsere Umwelt? Vom Liebhaben
und Streicheln
              Spiele 24

Wie kam ich auf die Welt? 26
Wie werden Kinder gemacht? Von
der Befruchtung bis zur Geburt
              Spiele 34

Ganz die Mama? 36
Warum ähneln sich Mitglieder
einer Familie? Jeder Mensch
ist einzigartig

VORWORT

Für Kinder ist der Körper das bevorzugte Instrument zur Erforschung der Welt. Voraussetzung für eine gesunde Gefühlswelt und eine positive Einordnung in die Gesellschaft ist das heitere und offene Kennenlernen der Empfindungen und Reaktionen, die dieser Körper vermitteln kann.
Sexualität ist allgegenwärtig und natürlich, sie ist Teil unserer Kultur. Sie betrifft die zwischenmenschlichen Beziehungen, Gefühle und Erfahrungen – all das, was das Leben eines Menschen ausmacht, vor allem das Leben der Kinder und der Jugendlichen.
Das Buch wendet sich bereits an die Kleinsten unter den „Lesern" und ihre Eltern. Die kindliche Neugier macht nämlich auch vor dem Thema Sexualität nicht halt, und eine einfühlsame Kenntnisvermittlung, dem jeweiligen Alter entsprechend aufbereitet, führt zu einem besseren Verständnis dessen, was in unseren Körpern vor sich geht.

Die Autoren des Buches, Roberta Giommi und Marcello Perrotta, leiten in Florenz das Internationale Institut für Sexualforschung. Roberta Giommi ist für die Bereiche Paartherapie und Sexualerziehung verantwortlich, Marcello Perrotta für die Bereiche Psychotherapie und Methodik der Sexualerziehung. Ihre langjährigen Erfahrungen in der Arbeit mit Kindern, Jugendlichen und Erwachsenen haben zu der Entstehung dieses Buches geführt. Die Autoren haben während ihrer Forschungstätigkeit wiederholt feststellen können, wie wichtig es ist, über Sexualität zu sprechen, eigene Erfahrungen zu vermitteln und immer und jederzeit Kinder wie Erwachsene über das Thema zu informieren.

Das Buch soll den Erwachsenen Hilfe, Anregung und Unterstützung bei der Vermittlung des Themas sein. Dabei soll sich das Kind als Held dieser Geschichte fühlen und das Erlernte ständig in Relation zu seinen eigenen Erfahrungen setzen können. Um diese Beziehung zwischen den Eltern und dem kleinen Leser zu bereichern, ist das Buch wie ein großer illustrierter Band aufgezogen, in dem man gemeinsam lesen und schauen kann. Und es bietet zusätzlich Platz für Spiele, in denen das soeben Erlernte nochmals aufgenommen und für die individuelle Erlebniswelt des Kindes greifbar gemacht wird.

Als du geboren wurdest, wußten deine Eltern gleich, ob du ein Junge oder ein Mädchen bist.

Jungen und Mädchen

Alle Menschen sind entweder Jungen oder Mädchen, entweder Männer oder Frauen. Man erkennt sie an ihren Geschlechtsteilen, die zwischen ihren Beinen sind. Jungen haben einen Penis und Mädchen eine Scheide. Auch fast alle Tiere unterscheiden sich nach ihrem Geschlecht. Sobald sie geboren sind, können wir sehen, ob sie weiblich oder männlich sind.

Während sie heranwachsen, unterscheiden sich die Körper der Jungen und Mädchen immer mehr voneinander. Bei den Tieren kannst du das auch beobachten. Eine Katze zum Beispiel ist, wenn du ganz genau hinschaust, kleiner und zierlicher als ein Kater. Ebenso sind Männer oft kräftiger gebaut und auch ein bißchen größer als Frauen.

Tiere erkennen sofort, wer bei ihnen ein Männchen und wer ein Weibchen ist. Und sie wissen auch von selbst, wie sie sich als Männchen und Weibchen verhalten sollen. Aber erst die Eltern bringen ihren Jungen alle Dinge bei, die sie sonst noch zum Leben in der freien Natur wissen müssen.

Wir bekommen auch von unseren Eltern und den Menschen um uns herum gesagt und gezeigt, wie wir uns verhalten sollen. Sie haben Gewohnheiten, die wir nachahmen. Wir lernen schon von ihnen, wenn wir noch ganz klein sind.

Mädchen und Jungen mögen manchmal verschiedene Sachen gerne. Manche Spiele spielen Mädchen lieber, andere spielen Jungen lieber. Und oft ziehen sich Jungen anders an als Mädchen.

Aber alle diese Gewohnheiten können sich ändern, weil es immer wieder andere Spiele gibt und weil auch wir uns immer wieder verändern.
Manchmal spielen Mädchen gerne Fußball, und Jungen schmusen gerne mit Teddys und mit Puppen.
Und allen gemeinsam gefällt es, Fahrrad zu fahren, Rollschuh zu laufen oder zu schaukeln.

9

1

Male auf ein großes Blatt Papier deine Mutter und deinen Vater. Um sie herum male nun Dinge, die nur der eine, und Dinge, die nur der andere benutzt.
Was hat deine Mutter am liebsten?
Was nimmt sie mit, wenn sie ausgeht?
Wie ist das bei deinem Vater?

2

Male auf ein Blatt Papier, was deine Mutter den Tag über macht. Zeige auf einem anderen Blatt, was dein Vater macht. Lege die beiden Blätter nebeneinander und vergleiche sie.

Spiele

3

Schau dir die Bilder auf dieser Seite an. Welche Dinge tun die Jungen? Und welche die Mädchen? Male auf ein Blatt Papier Spielsachen, mit denen Jungen gerne spielen, auf ein anderes Spielsachen, mit denen Mädchen gerne spielen, und auf ein drittes, was alle zusammen gerne spielen.

4

Erfinde eine Geschichte, in der die Jungen machen, was sonst meist Mädchen machen, und die Frauen tun, was sonst meist Männer tun. Du kannst die Geschichte mit deinen Freunden oder Eltern nachspielen.

Sind Mädchen und Jungen gleich? Betrachte dich einmal im Spiegel. Du hast zwei Beine, zwei Arme, ein Gesicht und schöne Haare, genau wie dein Freund und deine Freundin.

Jungen und Mädchen essen in der gleichen Art, schlafen beide im Liegen, laufen und springen gleich.

Mein Körper

Aber Mädchen und Jungen pinkeln auf unterschiedliche Weise.

Das kommt daher, daß sie verschiedene Öffnungen zum Pinkeln haben. Bei den Jungen kommt der Urin aus dem kleinen Loch vorne am Penis, bei den Mädchen aus einem Loch genau da, wo auch die Scheidenöffnung ist.

Mädchen und Jungen haben also ihre Öffnungen zum Pinkeln da, wo auch ihre Geschlechtsteile, Scheide und Penis, sind.

Der Junge kann beim Pinkeln seinen Penis mit der Hand festhalten und deshalb gut zielen.

Mädchen können das nicht so gut, denn bei ihnen ist das Loch in der Schamspalte versteckt. Man kann es auch nicht so gut sehen wie den Penis des Jungen.

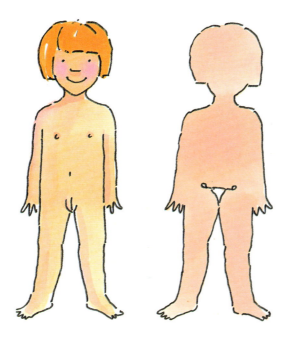 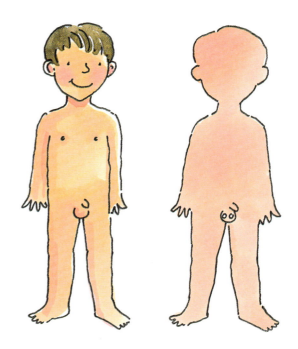

Vor der Scheide des Mädchens sind nur die Schamlippen zu sehen. Das sind zwei Hautfalten, die die Scheidenöffnung und das Loch zum Pinkeln schützen.

Die Scheide ist eigentlich der Kanal, der im Inneren des Körpers von der Scheidenöffnung zur Gebärmutter führt.

Die Gebärmutter sieht ein bißchen wie ein Trichter aus. Sie ist etwas größer als eine Walnuß.

Unter dem Penis des Jungen hängt ein Hautsäckchen, das zwei kleine, eiförmige Drüsen enthält, die Hoden. Beim Mann entsteht dort der Samen.

14

Zwischen dem Tag deiner Geburt und heute hast du dich sehr verändert. Du bist gewachsen, kannst klettern und laufen. Dein Körper hat sich entwickelt.

Während du weiterwächst, werden in deinem Körper noch viele wichtige Veränderungen vorgehen. Du wirst noch viel größer und dein Körper viel stärker werden.

Ein junger Mann hat breite Schultern und einen großen Brustkorb. Seine Stimme ist tiefer geworden.

Ihm wachsen ein Bart und Haare unter den Armen und oberhalb des Penis. Der Penis ist auch größer, als er früher war.

Eine junge Frau hat breitere Hüften und eine schmale Taille. Ihr ist der Busen gewachsen, und auch sie hat Haare unter den Armen und oberhalb der Scheide.

Aus dem Jungen und dem Mädchen werden ein Mann und eine Frau. Ihre Körper haben sich verändert, seit sie Kinder waren. Wenn sie sich lieben, können sie nun selbst Kinder haben.

1

Suche Fotos aus, die dich von deiner Geburt an bis heute zeigen. Lege sie vor dich hin und prüfe, wie sich dein Körper verändert hat.

2

Laß dir von deinen Eltern Bilder zeigen, auf denen sie Kinder, Jugendliche und schließlich Erwachsene waren.
Betrachte die Veränderungen an ihren Körpern und die Unterschiede zwischen Vater und Mutter als Kinder und später.

Spiele

3

Leg dich auf einen großen Bogen Papier und bitte einen Freund oder eine Freundin, die Umrisse deines Körpers mit einem dicken Stift nachzuziehen. Mache dasselbe mit dem Freund auf einem anderen Bogen Papier. Malt eure Figuren dann bunt an und schneidet sie entlang der Linien aus.

Unser Körper ist ständig mit seiner Umwelt in Berührung, mit Dingen und Menschen, mit der Luft und dem Wasser, mit Tieren und Pflanzen.

Ich und die Welt

Mit unseren fünf Sinnen erfassen wir die Welt um uns herum. Mit der Nase riechen wir, mit den Augen sehen wir, mit den Fingern tasten wir, mit den Ohren hören und mit der Zunge schmecken wir. So erkennt und begreift unser Körper die Welt.

Was wir so mit Hilfe unserer Sinne über die Menschen und Dinge um uns erfahren, kann angenehm oder unangenehm sein. Unser Körper braucht ganz verschiedene Dinge zum Wohlfühlen.

Wenn wir im Sommer im kühlen Wasser herumplanschen, kann das sehr angenehm sein. Es kann uns auch gefallen, die Wärme der Sonne auf unserer Haut zu spüren.

Aber wir müssen uns vor zuviel Hitze in acht nehmen, weil wir uns verbrennen könnten. Und das tut weh!

Wenn wir einen Menschen mögen, dann suchen wir seine
Nähe und wollen mit ihm sprechen und schmusen.

Denn es ist schön, sich zu streicheln
und sich an jemanden zu kuscheln,
den man lieb hat.

20

Auch dir gefällt es sicher, mit anderen zu sprechen und zu spielen oder dir Geschichten vorlesen zu lassen. Du magst es, wenn deine Eltern dich in den Arm nehmen. Und vielleicht streichelst du gerne über das weiche Fell einer Katze.

Aber wenn die Katze gerade an dem Tag keine Lust auf Streicheln hat, kann sie ganz schön kratzen!

Manchmal, wenn du zu jemandem lieb sein willst, kann es passieren, daß der andere gerade dann keine Lust dazu hat.

Der kleine Hund mag nicht dauernd herumgetragen werden. Deine Freundin will manchmal lieber mit jemand anderem spielen.

Genauso kann es auch dir passieren.

Manchmal willst du vielleicht lieb sein, aber der andere versteht das gar nicht. Du magst vielleicht auch manche Dinge nicht, die andere ganz lieb meinen.

Es ist schön, einen Kuß zu bekommen. Aber eine Umarmung kann auch unangenehm sein, wenn du gerade lieber spielen willst.

Wenn du dich mit anderen gut verstehen willst, mußt du ihnen zeigen, was dich glücklich macht. Du mußt aber zugleich auch darauf achten, was sie gerne mögen.

1

Betrachte die Bilder:
Wie würdest du
Freundschaft schließen?

3

Suche zu Hause viele
verschiedene Dinge
zusammen und lege
sie vor dich hin:

einen Wattebausch
einen Spiegel
einen nassen Schwamm
eine Käsereibe oder Raspel
einen Fleischklopfer
oder Hammer
ein Schneidebrett
einen Eiswürfel
ein Kissen

Jetzt laß dir die Augen
verbinden. Befühle die
Gegenstände und
versuche, sie zu
erkennen. Was ist

schwer	weich
rauh	glatt
leicht	kalt
feucht	hart

2

Welche Farbe
betrachtest du am
liebsten?
Welches Tier berührst
du am liebsten?
Welches Essen
schmeckt dir am
besten?
Welches Geräusch
hörst du am liebsten?
Welchen Duft riechst
du am liebsten?
Male alles auf ein Blatt
Papier.
Dann kannst du auch
aufzählen, was du am
wenigsten magst.

Spiele

Wenn eine Frau und ein Mann sich verlieben, fühlen sie sich zueinander hingezogen. Sie sind glücklich, miteinander alleine zu sein, miteinander zu reden, sich anzuschauen, zu spielen und zu lachen.

Eine Frau und ein Mann, die verliebt sind, wollen immer zusammensein. Sie finden es schön, sich zu streicheln, zu umarmen und ihre Körper ganz nah beieinander zu spüren.

Manchmal entschließen sie sich, zusammen zu leben und miteinander Kinder zu haben.

26

Wie kam ich auf die

Wenn eine Frau und ein Mann sich mit ihren Körpern lieben, kann dabei ein Kind entstehen. Sie küssen und umarmen sich und sind dabei ganz nackt. Der Penis des Mannes wird größer und ganz steif. So kann er in die Scheide der Frau eingeführt werden. Für den Mann und die Frau ist das ein ganz schönes Gefühl. Man sagt dann auch, sie schlafen miteinander.

Wenn der Mann und die Frau so eng zusammenliegen, können die Samen aus den Hoden des Mannes durch seinen Penis in die Scheide der Frau fließen, bis in ihre Gebärmutter und noch weiter, in die Eileiter. In diesen Kanälen liegt jeden Monat für ein paar Tage ein winziges Ei bereit. Wenn nun ein Samen zu dem Ei gelangt, wird ein Kind daraus. Es wächst neun Monate lang im Bauch der Frau, bevor es zur Welt kommt.

Nur der erste Samen, der das Ei erreicht, befruchtet es.
Die anderen werden nicht mehr in das Ei hineingelassen. Das
befruchtete Ei wandert in die Gebärmutter und nistet sich
dort ein.

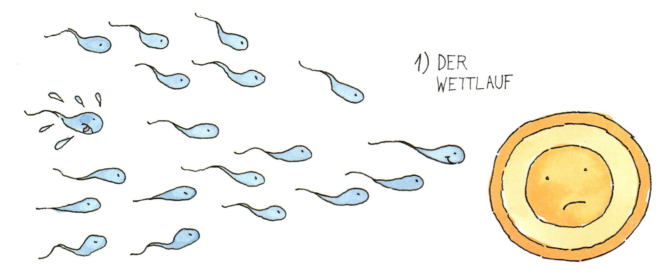

Dann teilt sich die Eizelle: zuerst in zwei, dann in vier Teile und
so immer weiter. Daraus entsteht schön langsam das Kind.

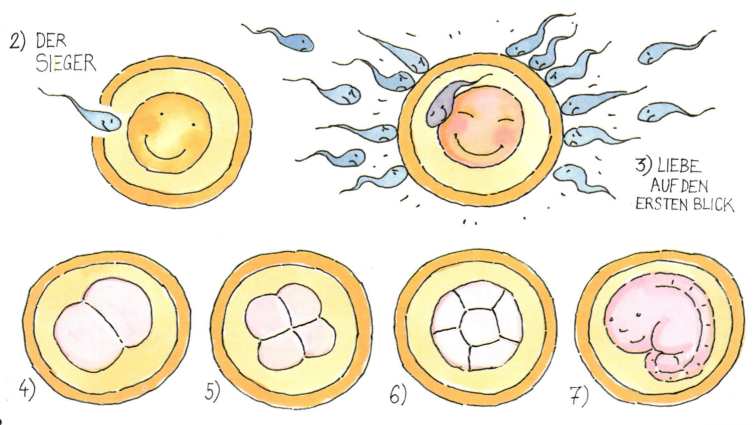

28

Das Kind wächst im Bauch der Mutter heran. Es liegt gut geschützt in ihrer Gebärmutter wie in einem Nest. Die Gebärmutter wächst mit dem Kind im Bauch der Mutter mit.

In der Gebärmutter liegt das Kind in einer Art Blase, die sich langsam mit Flüssigkeit füllt, der Fruchtblase. Hier ist das Kind vor Lärm und Stößen geschützt und liegt warm und bequem.
Es braucht in der Gebärmutter auch Sauerstoff zum Atmen und Nahrung. Deshalb ist es mit einem dünnen Schlauch, der Nabelschnur, mit der Plazenta im Bauch der Mutter verbunden.
Die Plazenta, auch Mutterkuchen genannt, ist wie ein Schwamm, in dem sich die guten Nährstoffe aus dem Körper der Mutter sammeln, um von hier in den des Kindes zu gelangen. Alle Stoffe, die das Kind nicht mehr braucht, werden von ihr wieder aufgesogen.

Es dauert neun Monate, bis aus dem Ei ein Kind wird, das auf die Welt kommen kann. Diese Zeit nennt man die Schwangerschaft.

In den ersten drei Monaten der Schwangerschaft entwickelt sich das Ei so weit, bis ein richtiges kleines Kind in der Gebärmutter liegt. Es ist dann etwa so groß wie ein Pfirsich. Ab dem fünften Monat spürt die Mutter die Bewegungen des Kindes im Bauch.

Im siebten Monat öffnet das Kind die Augen. Es ist schwerer geworden und kann den Herzschlag und die Stimme seiner Mutter hören.

In den letzten zwei Monaten wird das Kind kräftiger und schwerer. Der Bauch der Mutter wird jetzt sehr groß.

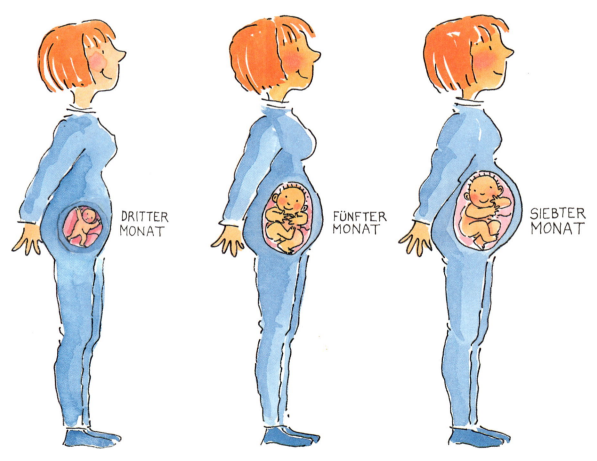

DRITTER MONAT

FÜNFTER MONAT

SIEBTER MONAT

Im neunten Monat bereitet sich das Kind darauf vor, herauszukommen. Es dreht sich und liegt nun mit angezogenen Armen und Beinen kopfunter im Bauch der Mutter.
Jetzt kann die Geburt jederzeit beginnen.

Die Mutter merkt genau, wann der Moment der Geburt nahe ist. Ihr bleibt deshalb noch genügend Zeit, in ein Krankenhaus zu fahren oder zu ihrem Arzt zu gehen, der ihr bei der Geburt hilft.

Bei der Geburt drückt sich das Kind durch die Scheide der Mutter aus ihrem Bauch heraus. Die Scheidenöffnung kann sich dabei so weit dehnen, daß das Kind gerade hindurchpaßt. Zuerst kommt der Kopf, dann die Arme und schließlich der ganze Körper.
Die Anstrengung der Geburt ist vorbei. Ein neues Kind ist auf die Welt gekommen, und alle freuen sich.

1

Hast du schon einmal gesehen, wie kleine Hunde oder Katzen geboren werden?
Male ein Bild davon und erzähle, was du gesehen hast.

2

Male dich selbst, wie du im Bauch deiner Mutter gelegen hast.

3

Weißt du eigentlich, wie groß du bei deiner Geburt warst? Suche unter deinen Spielsachen eine Puppe in dieser Größe aus und zeige sie deinen Eltern. Sie werden dir sagen, ob du richtig geraten hast.

Spiele

4

Stell dir vor, wie es sein könnte, ein Neugeborenes zu sein. Was macht es? Erzähle und versuche, es nachzumachen.

Das Kind ist geboren. Endlich können alle es sehen: die Eltern, die Verwandten, Nachbarn und Freunde der Eltern.

Ganz die Mama?

Die Nabelschnur, die das Kind mit der Mutter verband, wird nun nicht mehr gebraucht. Deshalb wird sie abgeschnitten. Das tut überhaupt nicht weh. Was bei dem Kind davon übrigbleibt, ist ein kleiner Knoten mitten auf dem Bauch: der Nabel!

Wem sieht das Neugeborene ähnlich? Es ist schwer zu sagen, wenn es noch sehr klein ist. Aber während es wächst, entdeckt man einige Ähnlichkeiten mit den Eltern und Verwandten. Zum Beispiel die Augenfarbe des Vaters oder die Haarfarbe der Mutter.

Jedes Kind erhält seine Merkmale nämlich von seinen Eltern. Die Augenfarbe, die Haarfarbe, die Körpergröße, die Form der Hände und vieles mehr. Auch der Charakter läßt sich vererben.

Deine Eltern haben diese Merkmale von ihren Eltern geerbt. Deshalb sehen sich manchmal Mitglieder einer Familie sehr ähnlich – von der Urgroßmutter bis zum Enkel.

Kannst du erkennen, wer auf diesem Bild Omas Nase geerbt hat?

38

Das alles bewirken winzige Teilchen in unseren Körpern, die Chromosomen. Die sind so klein, daß man sie mit bloßem Auge gar nicht sehen kann.

In diesen Chromosomen befinden sich, wie Perlen an einer Kette, noch kleinere Teilchen, die Gene. Diese bestimmen alle unsere Eigenschaften und Merkmale. Wenn der Samen die Eizelle erreicht und befruchtet, stellen sich die Gene des Vaters und die Gene der Mutter neu zusammen und bilden neue Perlenketten: die Chromosomen des Kindes. Wie das Kind später aussieht, hängt ganz davon ab, wie sich die Perlen aneinandergereiht haben. Auch, ob es ein Junge oder ein Mädchen wird.

Es gibt so viele mögliche Perlenkombinationen, daß niemals zwei ganz gleiche Menschen geboren werden. Sogar bei Zwillingen gibt es immer Merkmale, woran man sie unterscheiden kann.

Jedes Kind, das auf die Welt kommt, gibt es nur ein einziges Mal. Jedes ist besonders. Die Kinder aus verschiedenen Ländern sehen oft sehr unterschiedlich aus. Aber alle sind auf die gleiche Art entstanden: Sie sind von einem Mann und einer Frau gemacht worden.